おやすみなさいの前に
ほんの1分

心やすまる 絶景ポエム

Good Night Books 編

青春出版社

やぁ、
今日もおつかれさま
どんな1日だった？
ニンゲンは毎日働いたり
勉強したり、大変だよね
眠る前にひと息つきたくなったら
この本をめくってごらん
きっとリラックスできて
いい夢が見られるよ

どこから見ても
いいんだよ

今日という1日のおわりに —— 4

生きるということ —— 20

つまづいたときには —— 38

自分ってなんだろう —— 56

愛するということ —— 70

おやすみ、すてきな夢を —— 84

今日という
1日のおわりに

今日あった嫌なことは、
とりあえずみんななかったことにしよう。

吉本ばなな（作家）
『キッチン』（新潮文庫）
収録「満月―キッチン2」より
天涯孤独となった主人公の、喪失から
再生までの物語。家族でも恋人でもな
いけれど、大切な存在・雄一と過ごし
た後の、別れ際のモノローグ。生きる
ことの淋しさと暖かさが感じられます。

今日という1日のおわりに

あんまり、
おおげさに考えすぎないようにしろよ。
なんでも、大きくしすぎちゃ、だめだぜ

トーベ・ヤンソン（作家）
『ムーミン谷の十一月』
（鈴木徹郎訳、講談社文庫）より
内向的でまじめなホムサに、スナフキンが言ったセリフ。自由と孤独、音楽を愛するスナフキンの含蓄ある言葉は、不安なとき、失敗したときなど、あらゆる場面で思い出したいものです。

あるわけないことが起きるから、
生きてるのは楽しいんだよ。

伊坂幸太郎（作家）
『バイバイ、ブラックバード』
（双葉社）より
窮地に立たされた〝天然たらし〟の男と、見張り役の大女が送る数週間を、独特の世界観と言葉選びで描いた長編です。粗暴ながらも核心をついた大女の言葉には、ハッとさせられます。

今日という1日のおわりに

明るい方へ

明るい方へ。

一つの葉でも

陽の洩るとこへ。

金子みすゞ（童謡詩人）
『永遠の詩 01 金子みすゞ』（小学館）
収録「明るい方へ」より
すべての生き物にやさしい眼差しをそ
そいだ著者らしい詩の一節です。藪陰
の草や夜の虫など、陽の差さない場所
にいる小さな命が、光差す方へと懸命
に向かってゆく様子を描いています。

今日という1日のおわりに

だれかに必要とされるってことは、
だれかの希望になるってことだ

三浦しをん（作家）
『まほろ駅前多田便利軒』
（文春文庫）より
便利屋の多田は、元同級生・行天とコンビを組んで、チワワの新しい飼い主探しに取り組みます。チワワの引き取り相手をめぐる、行天のこの一言に、多田は行天の境遇について考えます。

明けても暮れても、

今日という一日あるのみ

北山寿安（医師）
『魂をゆさぶる禅の名言』
（高田明和著、双葉社）より
江戸時代前期の名医であり、万民救済
を願い即身成仏した北山寿安の随筆よ
り。何事も毎日継続し、積み重ねてい
くためには、とにかく始めて、始めた
ら専念することが大切だと説きました。

幸福のかけらは、幾つでもある。
ただ、それを見つけ出すことが
上手な人と、下手な人とがある。

宇野千代（作家）
『幸福の言葉』（海竜社）より
大正から平成まで98年の人生を生きた著者が、85歳のときに刊行した自伝的小説の中から。恋愛にも仕事にも貪欲で、波乱に満ちた生涯を送った彼女の、明るく前向きな言葉です。

ポッカリ月が出ましたら、
舟を浮かべて出掛けましょう。
波はヒタヒタ打つでしょう、
風も少しはあるでしょう。

中原中也（詩人・歌人）
『永遠の詩04 中原中也』（小学館）
収録「湖上」より
もし恋人がいたら、月夜の小舟でひそ
やかに語り合う、幸せな時間を過ごす
んだ──。自分には訪れそうにない〝恋
に憧れる青春〟を表現した名作の冒頭。
美しく幻想的な光景が広がります。

今日という1日のおわりに

生きるということ

人生は使い方によっては

充分長いものであり、

充分尊いものであり、

充分美しいものである。

井上 靖（作家）
『わが一期一会』
（知的生きかた文庫）より
1974〜75年に毎日新聞日曜版に持っていた連載内、「光陰矢の如し」と題した随筆から。展開が読めないからこそ、文学の傑作の多くは、人生の神秘さを扱うのだと著者は言います。

生きるということ

人生とは、
死ぬまでの壮大なヒマつぶし。
どうせ同じヒマつぶしなら、
豊かにつぶしたい。

上野千鶴子（社会学者）
『男おひとりさま道』（法研）より
『おひとりさまの老後』（法研）の続編から。退職後の膨大な時間をどうつぶすかだけでなく、長い人生を謳歌するにはどうするか、考えるきっかけを与えてくれる言葉です。

生きるということ 23

できないと思ったらできないの。

できると思ったら何とかなるの。

そう考えると世の中なんて単純よ。

小川洋子（作家）
『やさしい訴え』（文春文庫）より
不実な夫に苦しむカリグラフィー（西洋版書道）作家の「わたし」と、チェンバロ職人、その女弟子の関係を描いた作品。カリグラフィーの先生のこのセリフに主人公は心の傷を癒されます。

生きるということ

しあわせだから笑っているのではない。

むしろぼくは、笑うからしあわせなのだ、と言いたい。

アラン（哲学者）
『幸福論』（神谷幹夫訳、岩波文庫）より
20世紀初頭の哲学者・アランの『幸福論』は、世界でもっとも読まれている幸福論の一つ。アランは、喜びは自分の中にあり、喜びを目覚めさせるには、きっかけが必要だと主張しました。

熱い御飯の上に、
昨夜の秋刀魚を伏兵線にして、
ムシャリと頬ばると、
生きている事もまんざらではない。

林 芙美子（作家）
『新版 放浪記』（青空文庫）より
『放浪記』は、恋人を追って上京したにもかかわらず、翌年に婚約破棄された著者が綴った日記が元となった小説。貧しいその日暮らしでも、その筆致は生きる力に溢れています。

下らなく過ごしても一生
苦しんで過ごしても一生だ。
苦しんで生々と暮らすべきだ。

志賀直哉（作家）
『志賀直哉全集 第6巻』（岩波書店）
収録「らくがき三つ」より
写実的な表現の評価が高い志賀直哉。
「らくがき三つ」は、長編小説「暗夜
行路」の連載中に書かれたものと推定
されています。休載を繰り返しつつも、
書き続けようとした姿が浮かびます。

「もし」という言葉のうつろ

人生はあなたに一度

わたしに一度

俵 万智（歌人）
『かぜのてのひら』（河出文庫）より
24歳で出版した第一歌集『サラダ記
念日』（河出書房新社）がベストセラー
となった著者。4年後、高校の教え子
たちとの別れを経て、第二歌集を出版。
その最後に記された一篇です。

何も難しく考える必要はありません。

人生は宝探しなのです。

蓮見圭一（作家）
『水曜の朝、午前三時』（河出文庫）より
大阪万博が開かれた 1970 年を舞台に、
叶わなかった恋を描いた小説から。病
と闘う直美は、亡くなる前に娘に宛て
テープを吹き込みます。その終盤には、
このメッセージが残されていました。

何かを始めるのに、「早すぎる」とか
「遅すぎる」ということはないんです。

黒柳徹子（女優・タレント）
『徹子さんの美になる言葉
　その後のトットちゃん』（講談社）より
85歳を超えた今も、パワフルでチャレンジ精神旺盛な著者。100歳まで舞台に立つためにと、65歳からスクワットを始めました。毎日30回以上、現在まで欠かしたことがないのだそう。

つまづいた ときには

失敗したらね、そこからスタートなの。
あんまり深く考えない。

樹木希林（女優）
『樹木希林 120 の遺言』（宝島社）より
会見やテレビ、雑誌のインタビューなどの発言から厳選された、120の言葉のうちの一つ。彼女は失敗しても、やり直す時間もなかったため、ミスを活かそうとしたことが分かります。

あなたが人生に絶望しても、
人生はあなたに絶望しない

V・E・フランクル（精神科医）
『人生はあなたに絶望していない』
（永田勝太郎著、致知出版社）より
ユダヤ人精神科医フランクル博士の、ナチス強制収容所での体験からくる教えを医療に活かしてきた著者。難病を患った際、博士の妻からの手紙に記されていた、生前の博士のこの言葉に励まされます。

今日と明日はぜんぜんちがう。

明日っていうのは今日の続きじゃないんだ

森 絵都（作家）
『カラフル』（文春文庫）より
一度死んだはずの「ぼく」の魂は、抽選に当たり、他人の体で生き直すことに。物語の終盤、24時間以内に前世での過ちを思い出さなければならない状況で、親友の早乙女にかけられた言葉。

つまづいたときには

泣くことを恐れるな。

涙はこころの痛みを流し去ってくれるのだから。

エリコ・ロウ（ジャーナリスト）
『アメリカ・インディアンの
　書物よりも賢い言葉』（扶桑社）より
アリゾナ州北部の砂漠地帯に暮らすネ
イティブ・アメリカンである、ホピ族
の格言より。自然や先祖、他者を敬い、
何千年も暮らしを紡いできた彼らの言
葉は、疲弊した現代人の心に響きます。

つまづいたときには　45

現在の難儀も

いつの日かよい思い出になるであろう。

ホメロス（詩人）
『ギリシア・ローマ名言集』
（岩波文庫）より
古代ギリシャの詩人ホロメスによる長編
叙事詩「オデュッセイア」の一節。英雄
オデュッセウスがトロイア戦争に勝利し
た帰途の海上で遭難した際、絶望する兵
士をこう言って励ましました。

つまづいたときには

これまでの人生になにがあったとしても、
今後の人生をどう生きるかについて
なんの影響もない

岸見一郎（哲学者・心理学者）
古賀史健（ライター）
『嫌われる勇気』（ダイヤモンド社）より
心理学者アドラーの思想を、対話形式で
紹介した作品の一節。アドラーは、トラ
ウマを否定し、過去にどれほど不幸な目
にあったとしても、これから幸せになる
にはまったく影響がないとしました。

いちどに道路ぜんぶのことを考えてはいかん、

わかるかな？

つぎの一歩のことだけ、つぎのひと呼吸のことだけ、

つぎのひとはきのことだけを考えるんだ。

いつもただつぎのことだけをな。

ミヒャエル・エンデ（児童文学作家）
『モモ』
（大島かおり訳、岩波少年文庫）より
時間泥棒と闘う少女の物語『モモ』に登
場する、道路掃除夫・ベッポの言葉。終
わりの見えない仕事でも、焦らずに目の
前のことに集中してこなしていけばうま
くはかどるのだ、とモモに語りました。

どんなに　みじめな気持ちでいるときでも
つつましい　おしゃれ心を失わないでいよう

花森安治（編集者）
『灯をともす言葉』（河出書房新社）より
『暮らしの手帖』初代編集長の著者は、戦後の物不足のなかでも創意工夫によって美しく装うことが希望になると願い、〝きよらかなおしゃれ心に灯をともそう〟と訴えました。

つまづいたときには

迷ったときには
原点に立ち返ってみることだ
原点とは自分の本心だ
自分の本心に聞いてみるんだよ

相田みつを（詩人）
『相田みつを ザ・ベスト
　しあわせはいつも』（角川文庫）
「自分のヘソに指立てて」からの一節。
この後には〝かねが欲しいのか　名誉
が欲しいのか〟と続き、かけ引きなし
に〝自分のヘソ〟に聞けば、本心が見
えてくる、と語りかけています。

自分って なんだろう

私たちはみな、ただひとつの個性なんです。
この身体もこの顔も、この心も、
一回だけ、この世に現れて、
やがて消えていくものなんですよ

上橋菜穂子（小説家・文化人類学者）
『鹿の王（下）』（角川書店）より
人の命と医療のあり方を問う冒険小説の中で、自分の存在意義に悩む主人公が、生きる理由を見出した言葉。「同じ命は一つとしてない」と伝える、医術師の言葉に胸を打たれます。

自分の欠点だと思うところは、
むりやり直そうとしなくていいんです。

二村ヒトシ（AV監督）
『恋とセックスで幸せになる秘密』
（イースト・プレス）より
独自の恋愛哲学が支持される著者。人の欠点と魅力は裏表の関係なので、無理やり直すよりも、欠点に罪悪感や劣等感を持ちすぎないようにすることが大切だ、と語った一節です。

強い人間なんてどこにも居やしない。
強い振りのできる人間が居るだけさ。

村上春樹（作家）
『風の歌を聴け』（講談社文庫）より
友人の「鼠」に「僕」が言った長いセリフの最後の言葉。不安や心配の有無は、運やタフさ、経済力とは関係なく、誰もが与えられた環境で生きるしかない。そんな潔さが感じられます。

他人からどう見られようと、
自分が自分を愛せれば良いと思う。

蜷川実花（写真家）
『蜷川実花の言葉集』
（イースト・プレス）より
写真家として第一線で活躍しながら母
親でもある彼女が、インタビューで
語った言葉。言葉の奥には、「自分を
肯定できる力」を持ってほしいという
想いが込められています。

何も無くていいんだ

人は生まれて、生きて、死ぬ

これだけでたいしたもんだ

ビートたけし（タレント・映画監督）
『僕は馬鹿になった。―ビートたけし詩集』
（祥伝社黄金文庫）より
映画監督として成功後に出版された詩集
の中の一篇、「騙されるな」から。〝「夢
を持て、目的を持て、やれば出来る。」
そんな言葉に騙されるな。〟という一節
の後に続く言葉です。

自分のためにでなく、
人のために生きようとするとき、
その人はもはや孤独ではない。

日野原重明（医師）
『いのちの言葉』（春秋社）より
聖路加国際病院名誉院長だった著者は、
105歳で天寿を全うするまで多彩な活動
を行います。予防医学や終末期医療に取
り組むとともに、講演や執筆を通して生
き方や命の大切さを伝え続けました。

目には、なにも見えないんだ。
心で探さなくちゃだめなんだよ。

サン＝テグジュペリ（作家）
『星の王子さま』
（稲垣直樹訳、平凡社）より
友人になったキツネから、王子さまが
学んだこと。それは、時間を費やして
築いた愛情や絆は、目には見えないと
いうことでした。物事の本質を見極め
る大切さを示した金言です。

愛する ということ

恋は人生の全てではない。
その一部分だ、
しかもごく僅かな一部分だ。

石川啄木（歌人・詩人）
『啄木・ローマ字日記』
（桑原武夫編訳、岩波文庫）より
この後に〝恋は遊戯だ。歌のようなものだ。（中略）いつまでたっても楽しいに違いない〟と続きます。若くしてこの世を去った天才詩人の日記からは、独特の人生観や恋愛観が垣間見えます。

無謀なことができるのは尋常じゃなく愛しているからよ。

あなたをね。

瀬尾まいこ（作家）
『卵の緒』（新潮文庫）より
小学四年生の「僕」は、母と血のつな
がりがないことを知ります。自分の出
生を知りたがる「僕」に母が語った、
二人の出会いとは……。母性と愛の深
さに主人公が涙する、母の一言です。

愛とは他者が幸せをつかむよう願う気持ちです。

ダライ・ラマ14世（仏教指導者）
『いのちの言葉』（世界文化社）より
1935年生まれのダライ・ラマ14世。80
歳を超えた今でも、1年の半分以上は世
界各地に赴き、平和、非暴力、異宗教の
相互理解、普遍的な責任と思いやりにつ
いて説いています。

あなたは苦しんだ分だけ、
深い愛の人に育っているのですよ。

瀬戸内寂聴（作家・尼僧）
『孤独を生ききる』（光文社文庫）より
壮絶な恋愛や、批判を受けながらの作
家活動を経験してきた著者。不幸なこ
とは、味わわないより味わったほうが
よく、人は体験してはじめて、悲しみ
も苦しみも分かるのだと伝えます。

すべてあらゆるいきものは、
みんな気のいい、
かわいそうなものである。
けっして憎んではならん。

宮沢賢治（詩人・童話作家）
『童話集 風の又三郎 他十八篇』
（岩波文庫）収録「カイロ団長」より
労働がテーマの風刺作品。家来に無理難題を下したせいで、自分自身が窮地に陥ることになったトノサマガエル。家来たちに許されるきっかけとなったのが、この〝天からの一言〟でした。

なぜ巡り合えたのだろうか。

それ自体がこの世の奇跡だ。

竹宮惠子（漫画家）
『少年の名はジルベール』（小学館）より
少女漫画に革命を起こした著者が、同じ志を持つ仲間や友人と過ごした濃密な時間を振り返る半生記。才能への嫉妬や創作の苦悩を乗り越え、「奇跡の出会い」への感謝を記した一文です。

愛というものは、愛され͘る͘こ͘とによりも、むしろ愛す͘る͘ことに存すると考えられる。

アリストテレス（哲学者）
『ニコマコス倫理学（下）』
（高田三郎訳、岩波文庫）より
ソクラテス、プラトンとともに西洋哲学の礎を築いた古代ギリシャの大哲学者。彼の研究のうち倫理学に関する草案などをまとめた本書では「正しい生き方」とは何かを追求しています。

愛するということ　83

おやすみ、すてきな夢を

光よ
きみがなかったら
ぼくらはみんな深海魚
骨ばっかりで
すきとおる

やなせたかし（漫画家・絵本作家・詩人）
『希望の歌』（フレーベル館）
収録「光よ」より
『アンパンマン』で知られるやなせたかし。「てのひらを太陽に」など、詩も多数発表しています。本作は光に対し〝かけがえのない存在としてのあこがれ〟を表現した一篇です。

おやすみ、すてきな夢を

うつくしいと思った光景には
すべて色が付いていた。
名前のないひとたちが、いない世界。

最果タヒ(詩人)
『愛の縫い目はここ』(リトルモア)
収録「球体」より
さみしさを抱えながら生きる「私」は、すべての人の「死にたくなる感情」を透明にして、色のある美しい世界へ導きたいと考えます。ジャンルを超えて現代詩を表現する、著者の感性が光る一節。

おやすみ、すてきな夢を

わたしをきらいなひとが
しあわせであるといい

きれいごとのはんぶんくらいが

そっくりそのまま
しんじつであるといい

笹井宏之（歌人）
『えーえんとくちから』（ちくま文庫）
収録「無題」より
難病を抱え夭折した歌人、笹井宏之。
〝わたしのすきなひとが　しあわせで
あるといい〟から始まるこの詩には、
すべての人への慈しみが込められてい
ます。心が穏やかになる一篇です。

おやすみ、すてきな夢を　　89

忘れるにまかせるということが、
結局最も美しく思い出すということなんだな。

川端康成（作家）
『眠れる美女』（新潮文庫）
収録「散りぬるを」より
幼くして両親と祖父母を亡くした経験か
らくる死生観が、この作品に表れていま
す。過去は鮮明なままにしておかないほ
うが、美しい記憶となるという結論に、
死者への愛が込められています。

きっと嵐って、朝日が、
そのあとにのぼってくるためだけに、
あるんじゃないかなあ

トーベ・ヤンソン（作家）
『ムーミン谷の名言集』
（渡部 翠訳、講談社文庫）より
ムーミンパパの半生を綴った冒険物語中で、パパの強さが表れている発言。第2次世界大戦のさなかに誕生したムーミンには、作者の平和への願いや自由に憧れる気持ちが込められています。

おやすみ、すてきな夢を

Photo index

cover　ドイツ バイエルン州
　　　オーバーバイエルン地方 クリュン／
　　　冬の夜、納屋とカーヴェンデル山
　　　（写真：mauritius images／アフロ）

P2-3　グリーンランド ／
　　　流氷上のホッキョクグマ
　　　（写真：Biosphoto／アフロ）

P4-5　ボリビア ポトシ県／
　　　ウユニ塩湖に映る空
　　　（写真：竹沢うるま／アフロ）

P6-7　ビーチパラソルとデッキチェア
　　　（写真：アールクリエイション／アフロ）

P8-9　北海道大空町／メルヘンの丘の麦畑
　　　（写真：san724／stock.adobe.com）

P10-11　イチイの若木
　　　（写真：矢部志朗／アフロ）

P12-13　ノルウェー ヌールラン県／
　　　夏のロフォーテン諸島
　　　（写真：Songkhla Studio／stock.adobe.com）

P14-15　北海道千歳市／支笏湖の朝焼け
　　　（写真：俊樹高棪／stock.adobe.com）

P16-17　タイ プラチュワップキーリーカン県／
　　　カオ・サムローイ・ヨート国立公園の
　　　天の川
　　　（写真：nirutft／stock.adobe.com）

P18-19　北海道浦幌町／夜の海と満月
　　　（写真：堀町政明／アフロ）

P20-21　オランダ 北ホラント州 コッヘンラント／
　　　赤いチューリップと風車
　　　（写真：ClickAlps／アフロ）

P22-23　スイス ベルン州
　　　ベルナー・オーバーラント／

グリンデルヴァルトの風景
（写真：伊東町子／アフロ）

P24-25　イタリア トスカーナ州／
　　　ピエンツァに続く田舎道
　　　（写真：shaiith／stock.adobe.com）

P26-27　フランス／塔のあるひまわり畑
　　　（写真：れいいち／アフロ）

P28-29　島根県 西ノ島町／
　　　国賀海岸で草を食む馬
　　　（写真：西垣良次／アフロ）

P30-31　南アフリカ共和国／
　　　ナマクアランドのワイルドフラワー
　　　（写真：Minden Pictures／アフロ）

P32-33　タンザニア／ザンジバル諸島の海
　　　（写真：竹沢うるま／アフロ）

P34-35　ギリシャ ザキントス県／
　　　船が泊まるナバイオビーチ
　　　（写真：SIME／アフロ）

P36-37　泳ぐアオウミガメ
　　　（写真：鍵井靖章／アフロ）

P38-39　木の枝で休むレッサーパンダ
　　　（写真：Vybi／shutterstock）

P40-41　イタリア／
　　　花畑の中の建物
　　　（写真：Grischa Georgiew／
　　　stock.adobe.com）

P42-43　夕暮れの熱帯雨林を流れる川
　　　（写真：ninefar／stock.adobe.com）

P44-45　ブラジル パラナ州・アルゼンチン
　　　ミシオネス州／しぶきを上げて
　　　流れ落ちるイグアスの滝
　　　（写真：Lev／stock.adobe.com）